# KONRAD VON WÜRZBURG

## LEGENDEN

### III.

# KONRAD VON WÜRZBURG

## DIE LEGENDEN

## III.

HERAUSGEGEBEN

VON

**PAUL GEREKE**

MAX NIEMEYER VERLAG

HALLE/SAALE

1927

Druck von C. Schulze & Co., G. m. b. H., Gräfenhainichen.

# Einleitung

*Pantaleon, im mittelalter patron der ärzte und einer der vierzehn nothelfer, war leibarzt des kaisers Galerius Maximianus, der, ursprünglich von seinem schwiegervater Diocletian mit der verwaltung von Illyricum, Macedonien und Griechenland beauftragt, 305 zum Augustus erhoben wurde und 311 an einer krankheit starb; unter ihm soll er um 305 als märtyrer enthauptet sein. Galerius erließ seit 303 in Nicomedia in Bithynien mehrere edikte zur christenverfolgung, der u. a. auch Anthimus, bischof von Nicomedia, zum opfer fiel. Nicomedia ist der schauplatz der handlung in den lateinischen berichten der legende, deren existenz im orient schon im 4. jahrhundert bezeugt ist; im abendland wird sie zuerst im martyrologium des Hieronymus erwähnt[1]).*

*Die Pantaleonlegende liegt vor in einer Bollandistenvita[2]) und bei Mombritius[3]). Im ganzen stimmen beide zu Konrads darstellung. In jener fehlen jedoch die einleitung über Maximians verfolgungen (Konrad v. 66—99) und eine reihe anderer bei Konrad vorhandener einzelheiten, auch enthält sie viel weniger dialoge; dieser bietet das fehlende, hat aber daneben andere lücken und abweichungen.*

---

[1]) *Acta sanct. Nov. II 197.*
[2]) *Acta sanctorum Jul. VI p. 412—490, übereinstimmend mit der vita des L. Surius.*
[3]) *Tom. II fol. 191—194.*

*Janson*[1]*) glaubt nun in zwei Münchener hand-
schriften des 11. jahrhunderts (nr. 9516 aus Ober
Altaich und nr. 18546 aus Tegernsee) eine Konrad
näher stehende fassung der legende gefunden zu
haben. Konrads vorlage war eine gute abschrift
eines archetypus dieser beiden handschriften, die
ihm vielleicht sein Baseler gönner verschaffte,
während die hh. selbst auf eine lückenhafte abschrift
der urhandschrift zurückgehen, in der dann noch
ein korrektor an der v. 1754 in Konrads gedicht ent-
sprechenden stelle das ursprüngliche vos estis in
tu es änderte*[2]*).*

*Gegenüber dieser seiner quelle zeigt der dichter
größere selbständigkeit als in der behandlung der
Silvester- und Alexiuslegende. So verlegt er bewußt
den schauplatz der handlung von Nicomedia nach
Rom (Haupt nahm fälschlich einen irrtum der vor-
lage an), stempelt den kaiser zum bösen tyrannen
der märtyrerlegenden und fügt als eigenen schluß
die taufe der henkersknechte an. Auch sonst läßt
seine darstellungsweise wesentliche fortschritte er-
kennen: er überschaut den stoff, benutzt von den
zahlreichen episoden und gesprächen der quelle nur
die die handlung fördernden und meidet anstößige
übertreibungen. Da auch Laudans untersuchungen
über die chronologie der werke Konrads*[3]*) und be-
sonders seine arbeit Der auftakt bei Konrad von
W.*[4]*), die an den Pantaleon anknüpft, die weit
größere sorgfalt und systematische behandlung von
metrischen dingen nachgewiesen haben, ist es sicher,*

---

[1]*) G. O. Janson, Studien über die legendendichtungen
Konrads v. W. Marburger dissertation 1902. S. 43—59.*
[2]*) Eine lateinische metrische bearbeitung der legende
von Johannes Geometra ist unvollständig gedruckt bei
Migne CVI 889—912, vollständig in der Cracauer disser-
tation von Sternbach (1892).*
[3]*) Diss. Göttingen 1906.*
[4]*) Zfda. 48, 553ff.*

*daß der Pantaleon die jüngste der legendendichtungen
Konrads ist*[1]).

Eine recht gute überlieferung bietet die einzige
Wiener pergamenthandschrift des 14. Jahrhunderts
nr. 2884, auf grund deren Haupt in seiner zeit-
schrift 6 s. 193—253 das gedicht herausgegeben hat.
E. Schröder lieferte an demselben orte (48, 548) bei-
träge zur textkritik, Laudan verglich die handschrift
noch einmal und gab seine resultate im gleichen
bande s. 553 ff.; ich selbst habe PBB 37, 433—437
und 525—529 nachträge geliefert.

Lachmann[2]) schlug vor, das gedicht mit v. 2153
der diz werc gevrumet hât zu schließen und
folgen zu lassen etwa der ist geheizen Kuonrât;
Pfeiffer[3]) hielt auch den schluß für unecht, vermutete
auf v. 2153 ebenfalls den reim Kuonrât, erklärte
aber Lachmanns vorschlag für falsch. Dagegen
wandte sich schon Bartsch[4]), der die behauptung
der unechtheit der schlußverse durch nichts begründet
fand.

Gedichtet hat Konrad sein werk nach v. 2140 ff.
auf anregung des Johann von Arguel in Basel,
der Winharten tohter kint, d. h. des kindes
einer tochter aus dem geschlechte der Winharten.
Er war eine bekannte Baseler persönlichkeit, „ent-
stammte einem ritterlichen geschlechte des Juras,
von dem ein zweig in Basel eingewandert war"[5]).
Er wird von 1277—1311 oft in den urkunden als
zeuge, schiedsrichter oder in eigenen angelegenheiten

---

[1]) *Zu demselben ergebnis bezüglich der zeitfolge der
legenden kommt auch R. Ritter, Die metrische brechung
in den werken Konrads von Würzburg und seiner nach-
folger. Diss. Erlangen 1918.*

[2]) *Zfda. 6, 580.*

[3]) *Germ. 12, 26.*

[4]) *Einleitung zum Partonopier s. XI.*

[5]) *Nach E. Schröder, Studien zu Konrad von Würz-
burg IV. V. Aus den nachrichten von der K. gesellschaft
der wissenschaften zu Göttingen 1917. S. 102—104.*

genannt, war 1297 mitglied des rates, „ein mann von großem vermögen und leidenschaftlicher energie“, „führer der demokratie und der heftigste gegner des gleich temperamentvollen ritters, schultheißen und bürgermeisters Peter Schaler“, der Konrad zur dichtung des Partonopier veranlaßte. Die familie Winhart ist ebenfalls im Baseler urkundenbuch nachgewiesen, so 1276 ein bürger Johannes Winhart. Die art, wie Konrad den Johann von Arguel im Pantaleon einführt, läßt darauf schließen, daß er damals noch ein junger mann war, als welcher er 1277 in den urkunden erscheint. Ungefähr um diese zeit mag also die dichtung entstanden sein.

Unser text stimmt überall da mit Haupts ausgabe (H) überein, wo abweichung nicht besonders angemerkt ist. Schröders und Laudans vorschläge zur textgestaltung sind in den anmerkungen durch Sch und L gekennzeichnet.

# PANTALEON

Ez ist ein nütze dinc vernomen
und mac ze sælden wol gevromen
daz man der liute kumber saget
die mit ir marter hânt bejaget
5 der êweclichen wunne leben.
bîschaft ze reinen tugenden geben
kan ir reineclicher tôt.
swâ man ir angest unde ir nôt
des lîbes ôren kündet,
10 dâ wirt vil schiere enzündet
des herzen sin ûf edele tât.
swer muot ze reinen werken hât,
der mac vil gerne hœren
wie si zen himelkœren
15 mit ir marter komen sint
und wie des reinen gotes kint
vergozzen hânt ir reinez bluot.
ez ist vür houbetsünde guot
daz man ir tugende merket.
20 ein herze wirt gesterket
an reines willen krefte
von guoter bîschefte
und wirt im sünde wilde.
von guoter liute bilde
25 den liuten allez guot geschiht.
ûf alsô rîche zuoversiht

---

7 reineclicher (vil r. *L*).    14 zen himelkœren *Sch* =
zer himele kœren (*H*).    16 reinen = reine.

1*

wil ich ein wârez mære sagen
von einem herren der bejagen
mit sîner tugende kunde
30 daz im got vröude gunde
und êweclicher wunne dort.
er hât den liehten himelhort
mit manger nôt verschuldet
diu von im wart geduldet
35 durch sîner tugende reinekeit.
er vaht mit nœten unde streit
der heiden ungelouben an,
dâ mite er sêlen vil gewan
dem werden hôchgelopten gote,
40 und mac gewinnen sîme gebote
ze dienste noch vil mangen lîp.
sîn marter sol man unde wîp
hie scheiden von ir missetât.
swer sînen tôt vor ougen hât
45 und in ûf erden êret,
der wirt von im bekêret
unde erlôst von arbeit.
er ist ein lieht der kristenheit,
daz in des herzen sinne
50 den glanz der wâren minne
kan bieten unde reichen.
dâ von ich sîniu zeichen
und sîne marter wil enbarn.
daz wunder sol ze liehte varn
55 daz got durch sîne tugent begie.
mit rede wil ich entsliezen hie

---

28 herren = herzen.  30 vröude (fride *Sch*).  31 êwec-
licher wunne = eweclicher fröde (êweclichen fride *H*,
êweclicher fröude *Sch*).  33 manger = maneger (*H*);
*und so immer*.  35 sîner = sine.  39 dem = deme,
*so immer*.  41 mangen = manigen (manegen *H*), *vgl*. 33.
47 arbeit = arebeit (*H*).  49 Daz = der.  52 sîniu
= sine, *so meist*.  56 wil ich (ich wil *Sch*).

den namen und die helfe sîn,
durch daz den liuten werde schîn
daz sîn genâde manicvalt
60 si müge erlœsen mit gewalt
von allem ungevelle.
swer nu sîn leben welle
vernemen hie mit reiner ger,
der biete herze und ôren her,
65 sô wirt im offen diu getât
die got durch in begangen hât.
　　Ein keiser hiez Maximiân.
bî des zîten wart getân
der kristenheite schaden gnuoc.
70 swer ie geloubic herze truoc,
der wart durch sîn gebot erslagen:
er hiez in von dem lebetagen
erbermeclichen scheiden.
der übel arge heiden
75 was dâ ze Rôme sezhaft.
sîn keiserlîchiu magenkraft
diu schein gar michel unde breit.
dâ von hiez er die kristenheit
duræhten mit gewalte.
80 mort unde mein er stalte
mit grimme an den getouften,
vor im sich gnuoge slouften
ze walde in manic tiefez hol.
ir etelîche jâmers vol
85 verborgen sâzen in den steten,
durch daz er si niht hieze treten
gewalteclîche in sînen zorn.
ze leide er mangem was geborn

　　61 allem = alleme.　　65 im = ime, *so immer.*　　66 die
= daz (*H*).　　　68 Bî des zîten (bî den gezîten *L*).
69 gnuoc = genuoc (*H*).　　　72 lebetagen = lebtagen.
73 Erbermeclichen = vn erb.　　74 übel (übele *H*).　　75 dâ
= *fehlt* (*H*).　　82 sich gnuoge = genuog sich.　　84 ete-
lîche = etlicher.　　　87 Gewalteclîche in = gewaltec-
lichen (*H*).　　88 mangem = manigen (manegen *H*).

den er des lîbes roubte:
90 wan swer an Krist geloubte,
der leit von im die marter.
dar umbe in deste harter
entsâzen alle kristen
und wolten gerne vristen
95 vor im ir leben unde ir lide.
si burgen sich durch guoten vride
in welden unde in wüesten,
durch daz si drinne müesten
vil strenger nœte sich entsagen.
100 nu was ze Rôme bî den tagen
ein herre Eustôrius genant,
des herze man gereinet vant
von schamelîcher missetât.
er was ein rîcher sênât,
105 der zühte und êren sich versan.
der selbe tugentrîche man
het einen schœnen sun erzogen,
des muot geneiget und gebogen
wart ze kristenlîcher tugent.
110 geblüemet stuont sîn reiniu jugent
mit durliuhtiger werdekeit.
diu sælde was ûf in geleit
daz er sich meines muoste schamen.
Pantaleôn hiez er ze namen
115 und hete sîn gemüete
gezieret wol mit güete
und mit rîlîcher milte.
sîn herze in êren spilte
alsam ein rôse in touwe.
120 Mâz, aller tugende vrouwe,

90 swer = wer.　94 wolten = wolte.　95 Vor
= von.　96 guoten = goten.　100 ze = *fehlt*.　104 sênât
= sanat.　105 zühte = schuhte.　106 tugent-
rîche = tugende rîche (*H*), *ebenso* 724.　107 Het =
hette.　111 durliuhtiger = durlûhter.　113 meines
= niemes.　120 Mâz = Maze; *die hs. bietet im auftakt
vor vokalen auch sonst zweisilbige formen.*

lêrt in bescheidenlîchiu dinc.
er was ein glanzer jungelinc
und ein sô gar liutsælic knabe
daz ich von im gelesen habe
125 er trüege lûterbæren schîn.
Eustôrius der vater sîn
hielt in mit grôzen êren.
er wolte in heizen lêren
diu buoch von arzenîe.
130 dâ von der wandels vrîe
kôs einen meister in der stat.
den hiez der edel unde bat
daz kint dô lêren disen list.
der selbe meister alle vrist
135 wont ûf des keisers palas,
wan er sîn hofgesinde was
und in het in der huote sîn.
er was geheizen Eufrosîn,
und lac an im witz und vernunst.
140 von arzenîe erwelte kunst
sîn herze vinden kunde.
den jungelinc begunde
der meister wîsen dâ zehant.
des knaben er sich underwant
145 und lêrte in sîner buoche schrift.
nu was ein priester in der stift
gesezzen bî der jâre tagen,
des lîp gereinet und getwagen
mit dem vil hêren toufe was.
150 von Kriste sang er unde las
daz beste daz er wolte.
swaz gote zêren solte,

---

132 edel = (edele *H*).   133 dô = da, *wie oft.*   139 und
(unde *H*).   141 vinden = binden.   145 sîner = sine.
147 der jâre = den iaren.   152 gote zêren = ze gottes
eren.

daz tet er willeclîche alsus.
man seit daz Ermolâus
155 genant der priester wære,
doch niht was offenbære
den Rœmern allen worden
sîn kristenlicher orden.
Er hal sîn leben und sîn ê,
160 wan er entsaz den keiser mê
dann in der werlte keinen man.
sîn herze in gotes minne bran
und was an Krist geloubhaft.
diz barc er vor der heidenschaft
165 durch angestlîcher vorhte grûs.
Pantaleôn gienc durch sîn hûs
swenn er ze schuole solte gân.
dâ von der reine kapellân
den knaben dicke und ofte sach.
170 zeimâl gruozt er in unde sprach:
'kint liebez, vröuwe dich in gote!'
Pantaleôn, der sælden bote,
gap im der rede antwürte dô.
'nu sint ouch ir in gote vrô,
175 vil sælic herre mîn', sprach er.
'sîn gnâde vröuden iuch gewer
mit liebe sunder ende!'
sus bôt im sîne hende
der priester dô mit witzen.
180 er hiez in nider sitzen
vil nâhe sîner sîten.
si wurden bî den zîten

---

153 willeclîche alsus *L* = willeclichen sus (*H*).     157 Den
Rœmern = den romeren (Rômæren *L*).     161 keinen
= deheinen (*H*).     163 geloubhaft *L* (geloubehaft *H*),
*ebenso* 217, 845.     165 angestlicher vorhte grûs = angest-
liche vorhte grŏz.     167 swenn = wenne.     170 zei-
mâl = ze einem mal.     173 antwürte = antwurt.     177 f.
ende: hende = hende: ende.

mit einander redehaft.
sich huop ein trûtgeselleschaft
185 unde ein kôsen under in.
des wart ir heil und ir gewin
von gote sît gemêret.
der priester wol gelêret,
geheizen Ermolâus,
190 sprach ze deme kinde alsus:
'sage mir, trûtgeselle, nu,
von welher künste lernest du?
waz ist dîn leben und dîn ê?
wie dînes glouben orden stê,
195 daz tuo mir hie mit rede schîn!
den namen und daz künne dîn,
gar willeclîche ich daz vernime.'
'trûtherre', sprach der knabe zime,
'Pantaleôn bin ich genant,
200 und ist daz herze mîn gewant
ûf hôher arzenîe list.
mîn vater noch ein heiden ist
und was getouft diu muoter mîn.
diu muoz erstorben leider sîn
205 und ist nu lange tôt gelegen.
ich sol der hôhen künste pflegen
diu siechen heilet unde nert.
ob mir diu sælde wirt beschert
daz ich si wol gelerne,
210 sô trîbe ich si vil gerne.'
    Des antwurt im der priester wîs.
'kint', sprach er, 'daz du sælic sîs!
wiltu der arzenîe gern
diu sieche liute kan erwern
215 gesuntheit und geniste,
sô kêre dich ze Kriste

----

186 wart = war.    193 ist = *fehlt.*    204 Diu =
die, *so öfter.*    206 sol = *fehlt* (ger *H*).    209 si =
sie, *so immer.*

und wirt an in geloubhaft!
er lêret dich die meisterschaft
diu mangem hilfet vür den tôt
220 der in vil herzeclicher nôt
gedorret und geswarzet.
er ist der oberst arzet,
der eines blinden ougen
erliuhten kunde tougen
225 und die tôten hiez erstân.
er lie den betterisen gân
mit sîner helfe ræten.
dar zuo kund er verstræten
daz bluot dem armen wîbe
230 und half ir siechem lîbe
daz er von sîner suht genas.
Asclêpius und Ypocras,
die der keiser ruofet an,
die sint ein wiht, wan dir enkan
235 ir trôst gehelfen noch gevromen.
du solt ûz ir gebote komen
und êre Krist, der megde kint.
swaz abgote ûf erden sint,
die lânt sich alle vinden toup.
240 ir helfe swînet als ein stoup
den starke winde rüerent
und in mit sturme vüerent
über tal und über berc.
geloube an keines menschen werc
245 und lâ dich gerne toufen!
sô mahtu sælde koufen
und êweclîcher wunne lôn.
die lêre enpfie Pantaleôn

---

219 mangem = manigen (manegem *H*).      225 hiez
*Joseph z. Engelh. 66 = fehlt* (tete *H*).      230 ir = irm.
232 Asclêpius = ascalapines.      233 ruofet an = ruofte
an sich.      237 megde = megede (*H*).      238 abgote
(abegote *L*).

in sîn gemüete dô mit kraft,
250 alsam ein erde wuocherhaft
enpfâhet guoten sâmen,
swenn ir beginnet râmen
mit sîner sæte ein ackerman.
sîn edel herze daz enbran
255 und wart von gotes geiste
reht als ein fiures gneiste
entvlammet unde schône enzunt.
ûf tet er sînen kiuschen munt
gezogenlichen unde sprach:
260 'des selben dinges mir verjach
mîn muoter daz ir hânt gesaget.
dâ von mir deste baz behaget
iuwer lêre und iuwer bete.
si dunket mich süez als ein mete,
265 wan ich si gerne ervüllen wil
mit werken iemer âne zil.'
    Hie mite was diu rede hin
die si dô triben under in

. . . . . . . . . . . . . . .
270 Pantaleôn der kêrte sich
ze schuole sam er tet dâ vor.
im was durch sîner ôren tor
geslichen ûf des herzen grunt
der rât den im der priester kunt
275 gemachet hete bî der vrist.
versigelt wart der süeze Krist
mit kunst in sîn gemüete dô.
nu kam ez zeiner zît alsô
daz der junkherre wol getân
280 ze sîme meister solte gân.
dô sach er an der strâze ligen
ein kint, daz nider was gesigen

---

252 Swenn = swer.   260 mir = mich.   261 ir
= ir mir.   262 deste = daz.   264 dunket (dünket *H*
*immer*).   269 f. *lauten in hs.* Phantaleon kerte sich
Alsamich sage vn̄ och sprich.   282 kint = *fehlt*.

von herzelicher swære.
sîn nôt schein angestbære,
285 wan ez was umbevangen
mit eime grôzen slangen,
der hete umb ez geslozzen sich.
dâ von sîn marter grimmelich
erschein und al sîn ungemach.
290 nu daz Pantaleôn gesach
daz kint alsus beswæret,
dô wart an im bewæret
milte und erbarmekeit.
des kindes marter was im leit,
295 wan er begunde tougen jehen:
'noch hiute sol mîn ouge sehen
ob Ermolâus hât geseit
von Kriste mir die wârheit:
ich wil versuochen sîne kraft.'
300 sus gie der knappe tugenthaft
dar nâher zuo dem kinde.
die blanken hende linde
zeinander leite er unde vielt,
sin ougen er ze gote ûf hielt
305 mit inneclichem muote.
'Krist herre,' sprach der guote,
'lâ dîne gnâde werden schîn.
sît daz du mit der gnâde dîn
maht heilen blinden unde lamen
310 und der tôte in dîme namen
vil schiere wirt erquicket,
sô werde ouch hiute entstricket
diz kint von sîme twange,
sô daz der veige slange
315 zerbreche und ouch zerspringe
und ez niht langer twinge

---

287 *in hs. nach* 288.　　292 bewæret = geweret.
293 milte und erbarmherzekeit *Sch* = milt unde erbarme-
herzekeit (*H*).　　296 sehen = gesehen (*H*).　　310 dîme
= dinem.

mit sîner grimmen krefte.
entlœse im und enthefte
den lîp von dirre marter,
320 durch daz ich deste harter
geloube an dîne gotheit.
bewære ob mir sî wâr geseit
unde erzeige dîne kraft,
dar umbe daz ich diensthaft
325 dir welle sîn ûf erden
und ich dir müeze werden
vil undertænic mîniu jâr.
und wirt daz offenlîche wâr
daz Ermolâus seite mir,
330 sô diene ich êweclichen dir
durch dîner hôhen tugende reht.
vernim mich armen, dînen kneht,
unde erhœre mich zehant,
alsô daz dirre serpant
335 diz kint niht langer drücke.
zerspringet er in stücke,
sô weiz ich wol daz dîn gewalt
ist vorhtsam unde manicvalt.'
Nu der vil reine guote
340 mit durnehtigem muote
die rede und disiu wort getete,
dô wart erhœret an der stete
sîn vlêhelîchiu stimme.
der slange unmâzen grimme
345 begunde sich entheften
und wart von gotes kreften
zerteilet und zerschrenzet
und alsô vaste entgenzet

317 grimmen = grime.    318 Entlœse = entlôsen.
321 gotheit = goteheit (*H*), *ebenso* 633.    324 diensthaft
(dienesthaft *H*) ;*vgl.* 1763.    338 vorhtsam (= vorhsam)
unde (vorhtesam und *H*).    340 durnehtigem = durch-
suchtlichen.    341f. getete: stete = getet: stet, *so immer.*

daz er in kleiniu stücke spranc
350 und er daz kint niht mêre twanc,
daz dô vil schône wart gesunt
und dannen kêrte bî der stunt
als im nie leit erswære.
diz zeichen offenbære
355 daz wolte got erscheinen
durch sînen kneht den reinen,
der ungetoufet dannoch was.
und dô daz arme kint genas
durch Pantaleônes bete
360 und er an im erkennet hete
diz zeichen und diz wunder,
dô seite er dô besunder
lop unde prîs dem werden gote.
er dankte sêre sîme gebote
365 und îlte z Ermolâô.
was im geschehen wære dô,
daz tete er im mit rede erkant
und hiez sich toufen alzehant.
    Diz wart getân vil schiere dô.
370 der priester wart der sælden vrô
daz got durch in besunder
diu zeichenlîchen wunder
dem kinde eröuget hæte.
Pantaleôn der stæte
375 mit gotes geiste ervüllet wart.
wie von der heidenischen art
sîn vater würde enbunden,
dar zuo wart bî den stunden
der jungelinc gedankhaft.
380 er leite dar ûf sîne kraft
in herzen unde in muote
daz in der reine guote

---

350 er = *fehlt* (*H*).　352 dannen = dannan.　358 dô
= *fehlt*.　363 unde (und *H*).　365 z Ermolâô = zů ermolao.
367 rede = reden.　372 Diu zeichenlichen = die zeichenliche.
376 heidenischen = heidenschen.　381 herzen = herze.

bekêren möhte bî der vrist,
alsô daz er den wâren Krist
385 in sîn gemüete næme
und von den goten kæme
der ungetouften heiden.
den herren wol bescheiden
berespen er begunde.
390 er sprach ûz wîsem munde:
'wie vüeget sich daz, vater mîn,
daz die vertânen gote dîn
sô rehte wandelbære sint?
si dunkent mich toup unde blint
395 an kreften unde an witzen.
man siht ir einen sitzen,
swenn alle zît der ander stât,
und der sich dâ gesetzet hât,
des lîp enkan niht ûf gestân,
400 noch mac der stânde niht gehân
die maht daz er gesitzet nider:
in beiden sint lîp unde lider
kreft unde lebender tugende blôz.
ez ist ein missewende grôz
405 daz iemen an die touben
abgote wil gelouben,
den alliu stiure ist gar benomen.
swaz niht im selben mac gevromen,
wie kunde mir gehelfen daz?
410 man sol den goten sîn gehaz
die menschen lîp gewirket hât.
wer wolde sîner hantgetât
die wirde bieten alle stunt
daz ir sîn opfer würde kunt
415 und er si lobte als einen got?
ez ist ein üppeclicher spot

---

384 wâren = ware.    386 goten = götten, *so immer*.
396 Man = wan (*ebenso* 920, 1490).    399 enkan = kan.
400 stânde = stvnde.    401 maht = machet.    408
im selben = ime selber.    412 wolde = *fehlt*.

daz man ein werc sol ane beten
daz ab der stete niht getreten
mac einen vuoz noch einen schrit.
420 daz niht gerüeren kan diu lit
als dîne gote, vater mîn,
daz mac wol ein gestüppe sîn.'
    Der herre des antwürte bôt.
'sun', sprach er, 'du hâst mich ze nôt
425 mit dirre teidinge brâht.
mîn herze ist niht sô wol bedâht
daz ich gantwürten künne dir.
dîn rede ist gar ze swære mir
und alze starc diu vrâge dîn,
430 wan ich an dem gelouben mîn
von dîner worte lêre
beginne wanken sêre
und vaste zwîvelhaft bestân.
ein rede ist von dir hie getân
435 diu mînen witzen ist ze grôz.'
mit disen worten im entslôz
der vater unde tet im kunt
daz gotes geist in hete enzunt
und sîn gemüete erlûhte.
440 den jungelinc bedûhte
schier an des alten bîhte
daz er in möhte lîhte
gewîsen von der heidenschaft.
sît er ein wênic zwîvelhaft
445 an dem gelouben sîn bestuont,
als alle die vil schiere tuont
die von ir orden wellent gân,
sô kunde sich des wol verstân

---

418 ab der stete niht getreten = abe der stetten niht mac
getreten (abe der stete n. m. g. *H*). 419 Mac = *fehlt* (*H*).
425 teidinge = redinge. 432 Beginne = beginne ich. 437
unde tet im = und tet ime (*H*). 438 Daz = des. in hete
enzunt = hette in ime. 440 jungelinc (jüngelinc *H* *immer*).
444 ein wênic = enwenig. 446 Als = also.

Pantaleôn der wîse
450 daz er sanft unde lîse
bekêret würde und überredet.
swer zwîvel in sîn herze ledet
mit sinne und mit gedanken,
der wil ouch lîhte wanken
455 von sîner ordenunge.
daz hete wol der junge
Pantaleôn erkennet.
Eustôrius enbrennet
was von gotes geiste dô.
460 des wart in sîme herzen vrô
sîn lieber sun vil drâte,
durch daz von sîme râte
der herre solte werden
gereinet ûf der erden
465 von allem itewîze.
er warp mit hôhem vlîze
und leite dar ûf sînen pîn
daz dô die valschen gote sîn
der vater hieze brechen.
470 iedoch wolt er niht sprechen,
wan er mit leiden mæren
getorste niht beswæren
den herren missewende bar,
ê daz er in bekêrte gar
475 ze kristenlichem orden.
er dâhte: 'swenne er worden
ist ein durnehtic kristen,
so enlâze ich in niht vristen
sîn abgote langer mê,
480 wan ich und er tuont in sô wê
daz wir si brechen beide
und werfen si mit leide

_____

453 sinne = sinnen.    454 ouch = och, _so immer._
456 Daz = der.    479 abgote = abgötten.

vür daz hûs und ab der stete.'
Pantaleôn die rede tete
485 vil tougen und vil stille.
ze gote stuont sîn wille,
wan er in sîme geiste bran.
nu was ein liehtelôser man
ze Rôme sunder lougen,
490 der niht an beiden ougen
moht einen bœsen stich gesehen.
er hôrte sprechen unde jehen,
Pantaleôn der wære
ein arzât sô gebære
495 daz er mit sînen listen
kiünd alle siechen vristen
von schedelicher swære.
im wart geseit ze mære
daz er mit sîme trôste
500 daz arme kint erlôste
von dem unreinen slangen.
dâ von kam er gegangen
ze sîme hûse drâte.
nâch wîser liute râte
505 wart er vür in geleitet.
dâ von was im bereitet
helf unde trôst vil schiere.
Pantaleôn der ziere
liez im dô guoten rât geschehen.
510 wan dô er in begunde sehen,
dô sprach im der getriuwe zuo:
'waz wiltu, vriunt, daz ich dir tuo?'
    Des antwurt im der blinde.
ze dem erwelten kinde
515 sprach der liehtelôse kneht:
'ich suoche dîner gnâde reht

---

491 *lautet in hs.* einen b. stick niht möhte g.    494 ge-
bære = gewære (*H*).    510 dô = *fehlt*.    513 ant-
wurt = antwurtet.    515 liehtelôse = lichtloser.

und dînen helfelichen trôst,
sô daz ich armer werde erlôst
von mîner siechen blintheit
520 und ich von dîner tugende breit
mîn lieht nu müeze wider hân.
mit arzenîe ich hân vertân
mîn guot und alle mîne habe.
mir hât vil manic arzât abe
525 gebrochen swaz ich hæte,
und hânt mich sîne ræte
geholfen harte kleine doch.
ich hete ein wênic liehtes noch:
daz selbe ist mir benomen gar.
530 ich bin des guotes worden bar
und der gesihte leider:
der tâten vrî mich beider
die meister mit ir lêre.
dâ von beganc dîn êre
535 an mir und dîne sælekeit.
sît daz ein wunder s geleit
an dich von hôher künste,
sô lâ von dîner günst
die grôzen sælde mir geschehen
540 daz ich den tac nu müge gesehen.'
  Pantaleôn sprach aber dô:
'war umbe sol ich machen vrô
mit mîner helfe dînen muot,
sît du deheiner slahte guot
545 ze lône maht gegeben mir?
waz miete enpfienge ich nu von dir,
und würdestu gesehende?
du wære mir verjehende

---

521 lieht (ougen L). nu = fehlt (H). 523 in hs.
nach 524. 526 hânt = hat. 540 den tac nu müge
= den tag müge (müge den tac H). 547 würdestu
gesehende = w. von mir gesehen. 548 lautet in hs. du
hast doch mir hie verjehen.

2*

du habest dîne habe verzert
550 und habest dich doch niht genert
mit arzetuome, als ich vernime.'
'trûtherre', sprach der blinde zime,
'daz selbe kleine güetelîn
daz noch in dem gewalte mîn
555 beliben sî, daz soltu nemen,
durch daz du lâzest mir gezemen
die helfe und dîne stiure.'
'nein', sprach der knabe gehiure,
'ich enger dîns guotes niht.
560 swaz du gehabest in dîner pfliht,
daz gip enwec den armen.
dîn breste sol erbarmen
den wâren und den süezen Krist.
der machet dich in kurzer vrist
565 gesehende sunder lougen
und reinet dir dîn ougen
von liehtelôser blintheit.
sîn helfe wirt an dich geleit
und sîn genædeclicher trôst,
570 sô daz du schaden wirst erlôst.'
Der rede wart der blinde vrô.
Pantaleônes vater dô
gedâhte wie daz möhte sîn
daz lûterlicher ougen schîn
575 der blinde enpfienge sâ zehant.
ze dem junkherren wîse erkant
der alte minneclîche sprach:
'wie mac des siechen ungemach
von dir gebüezet werden,
580 sît meister vil ûf erden
ir kunst an im versuochet hânt
und si doch keine helfe lânt

---

550 habest = enhast.   557 Die helfe und = dîne
helfe vñ (helf unde H).   560 gehabest L = habest (H).
dîner = dîne.   566 dîniu = dinu.   580 vil = so vil.

an sînen ougen schînen?
du wilt vergebene pînen
585 dîn herze und dînen willen,
sît daz du wænest stillen
daz leit mit dîme râte
daz weder vruo noch spâte
kein arzât mac gebüezen.'
590 der rede von dem süezen
antwürte wart gegeben dô.
Pantaleôn der sprach alsô:
'der meister der mich lêrte
und mîne liste mêrte,
595 der ist sô rîcher künste vol
daz ich mit sîner helfe wol
dem blinden sînen kumber nime.
'sun', sprach der vater aber zime,
'waz seistu von dem meister dîn?
600 dem liehtelôsen mohte schîn
niht werden sîner helfe rât.
swie vaste er sich versuochet hât
an ime, er kunde niht genesen.
wiltu nu künste rîcher wesen
605 denn er, daz ist ein vremdez dinc.'
'swîc', sprach der edel jungelinc,
'und lâ belîben disiu wort.
du solt hie grôzer tugende hort
und michel êre an gote sehen.
610 der lât daz wunder dâ geschehen
daz dirre man gesihte bar
gewinnet ougen liehtgevar
und gesehende schône wirt.
Krist Jêsus im die helfe birt
615 mit hôhen kreften ûz erlesen
daz er vil schiere sol genesen.'

---

**592** der sprach alsô == sprach also (*H*, sprach aber dô
*Sch*).     **599** Waz == daz.     **600** mohte == möchte.
**604** künste rîcher == kunstrichter.     **606** edel == edele (*H*).

Mit disen worten unde alsô
der gotes wunderære dô
greif an des blinden ougen.
620 er liez ze himel tougen
erhellen sîner stimme dôn.
der jungelinc Pantaleôn
begunde sprechen disiu wort:
'got herre, der ze himel dort
625 unde ûf erden hâst gewalt,
lâ dîne güete manicvalt
und dîne gnâde werden schîn.
sît daz du mit der krefte dîn
die vinsternisse erliuhten maht,
630 sô tuo dîn wunder manger slaht
den liuten offenbære.
erzeige im und bewære
daz dîn almehtic gotheit
sich lâze kreftic unde breit
635 an allen steten vinden.
erliuhte disem blinden
sîn ougen ungesihtic,
durch daz man werde gihtic
dir manicvalter wirde.
640 geruoche sîne girde
und mîne bete erhœren,
sô daz du wellest stœren
sîn leit daz im dâ wirret.
sîn lieht daz im verirret
645 von touber missewende sî,
daz mache im lûter unde vrî
vor wandelbæren dingen;
sô mac dîn lop erklingen
und wirt dîn name erhœret.
650 lâstu sîn leit zerstœret

---

618 wunderære = windere.    620 himel (himele *H*),
*ebenso* 624.        624 ze = *fehlt*.        632 im = *fehlt*.
639 manicvalter = manigvaltiger.    650 leit zerstœret =
lieht zerstören.

von dîner helfe werden,
sô prîset man ûf erden,
got herre, dîne magenkraft,
diu starc ist unde sigehaft.'
655 Mit dirre vlîzeclichen bete
Pantaleôn ervröuwet hete
den liehtelôsen drâte.
von sîner helfe râte
sîn ougen wurden ûf getân.
660 daz lieht begunde er wider hân,
daz im dâ vor enzücket was.
gar lûter sam ein spiegelglas
wart im gemachet sîn gesiht.
dâ von sûmt er sich langer niht,
665 er seite prîs dem werden gote.
der tugende dankte er sîme gebote
daz im sîn ungemach verswein.
mit vröuden kêrte er wider hein
schôn unde wol gesehende.
670 des wart man lobes jehende
Pantaleône bî der zît.
vil manger sprach enwiderstrît
daz er benamen wære
ein arzâthelfære
675 unde ein meister ûz erkorn.
sîn werder vater hôchgeborn
sich vröute sîner werdekeit.
sîn muot ganzlichen wart geleit
an Jêsum Krist den reinen,
680 wan er begunde meinen
sunder allen wandel in.
sîn sun und er die kêrten hin
ze priester Ermolâô.
dem seiten si ze mære dô

---

661 enzücket *Sch* =· gezücket (*H*). 664 sûmt er
sich = sumet sich. 672 enwiderstrît = im widerstrit.
677 vröute = fröwete. 682 die kêrten = kerte.

685 daz wunder daz dô was geschehen.
    wie got den blinden lie gesehen,
    daz wart im dô gekündet.
    des wart sîn muot durchgründet
    vil gar mit vröuderîcher art.
690 Pantaleônes vater wart
    von im getoufet bî der zît.
    ze sîme hûse giengen sît
    die gotes trûten alle drî.
    daz wart gereinet unde vrî
695 vor wandelbæren sachen,
    wan si begunden swachen
    die valschen gote sîn iesâ.
    die brâchen si ze stücken dâ
    noch liezen si niht ane beten.
700 si wurden in daz hor getreten
    und ûz dem hûs gescheiden.
    der priester disen beiden
    daz beste willeclichen riet.
    sîn rât sun unde vater schiet
705 von aller zwîvelunge,
    wan sîn erweltiu zunge
    lie si vil tugende merken.
    ir muot begunde er sterken
    an kristenlichem orden.
710 si wâren schiere worden
    durch sîne wîsen ræte
    an dem gelouben stæte.
      Si lobten Krist ân allen mein.
    ir muot an im durliuhtic schein
715 als ein kristalle bî der zît.
    Pantaleônes vater sît
    nam ein vil sælic ende.
    ân alle missewende

---

687 dô = doch.    699 ane beten = anbetten.    708 begunde er = begunde sich (begán sich *H*).    713 ân = in.

gelac der edel herre tôt.
720 den geist den sante er unde bôt
mit vröuden in den himeltrôn.
und dô sîn guot Pantaleôn
besaz und alle sîne habe,
dô lie der tugentrîche knabe
725 zeslîfen sîn gesinde.
vón dem erwelten kinde
den knehten wart gelônet wol.
er schiet si von im liebes vol
und vröudenrîches muotes.
730 daz ander teil des guotes
daz im über was beliben,
daz wart nâch sælden ouch vertriben,
wan er gap ez den armen
und lie sich gnuoge erbarmen
735 die dâ gevangen lâgen
durch daz si rehtes pflâgen
und Jêsum Krist an riefen.
er sante in zuo den tiefen
kerkæren sîne spîse.
740 Pantaleôn der wîse
die siechen wol beruochte.
swer sîne helfe suochte,
der wart zehant von im ernert.
den blinden wart sîn trôst beschert
745 und den krumben und den lamen.
er heiltes alle in Kristes namen
die vür in kêrten ungesunt.
gesuochet wart dô bî der stunt
kein ander meister wan eht er.
750 des truoc vil grimmes herzen ger
und einen vîentlichen sin
vil manic arzât wider in.

---

719 edel (edele *H*).　　722 dô = *fehlt*.　　730 ander
= andern.　　746 heiltes = heilete si.

Die meister alle von der stift
die kâmen ûf des nîdes trift
755 daz sin begunden hazzen.
sich huop in einer gazzen
ir samenunge an eime tage,
alsô daz si mit leides klage
zein ander kâmen von geschiht
760 und unberedet liezen niht
daz in sô grôzen schaden tete
Pantaleôn an manger stete
dâ si gewinnes solten pflegen.
in allen ûf der strâze wegen
765 der man begegent alzehant
ûf den Pantaleôn gewant
het alsô helferîchen trôst
daz er mit sîme râte erlôst
von sîner blintheite wart.
770 nu daz die meister ûf der vart
den selben man gesâhen,
dô sprâchens unde jâhen:
'diz ist der man der ê was blint
und den Pantaleôn das kint
775 ernerte mit der helfe sîn.
er hât nu glanzer ougen schîn
und was im ê sîn lieht benomen.'
sus hiezens in dar nâher komen
und vür sich gân des mâles hin.
780 si sprâchen alle wider in:
'vriunt, wirt uns hie verjehende,
wer mahte alsus gesehende
mit sîner hôhen stiure dich?'
'Pantaleôn generte mich',
785 sprach er dô sunder lougen,
'wan er zwei lûter ougen
her wider gap mit helfe mir.'
'waz arzenîe tete er dir',

---

767 helferîchen = helfenrichen.   768 Daz er = der.

begunden si dô sprechen,
790 'dâ mit er dich gerechen
an der gesihte mahte alsô?'
des antwurte er in aber dô
gezogenlichen unde sprach:
'swaz râtes mir von im geschach,
795 dar zuo leit er deheinen list,
wan daz er bat den süezen Krist
daz er mir helfe tæte schîn.
er ruorte in deme name sîn
mîn ougen beidiu mit der hant.
800 dâ von ich die genâde vant
daz ich von mîner blinden art
durch sîn gebot erlœset wart.'
    Diz mære in allen misseviel.
ir nîdic muot in zorne wiel
805 ûf den vil reinen jungelinc,
der sô genisbærlichiu dinc
dem siechen lie dô werden schîn.
si sprâchen: 'zwâre, sol er sîn
iht lange in dirre guoten stat,
810 er tuot uns alle an êren mat,
wan er uns wirde roubet.
daz volc an in geloubet
und hât der gote kunst vür niht.
swer disen hœret unde siht
815 den er gesehende mahte,
dern hât ûf uns kein ahte
und ruochet unser kleine.
wir sulen algemeine
dem keiser von im künden
820 daz er mit valschen vünden

---

793 Gezogenlichen = gezogenliche.    807 Dem siechen
= din siech.    811 wirde = wirder.    814 disen =
disen man.    816 Dern hât = der enhat (L, der hât H).
818 sulen algemeine = suln alle gemeine (sulen alle ge-
meine H).

sô vremdez wunder üebet.'
sus giengen si betrüebet
dô vür Maximiânen.
ûf den vil wolgetânen
825 ir nîdic muot in zorne bran.
dô si den keiser blikten an,
dô sprâchens alle wider in:
'die gote lîdent ungewin,
den briuwet in Pantaleôn.
830 er krenket vaste ir lobes dôn
und swechet in ir werdekeit.
wan swen du, herre, hâst geleit
in dîn gebende durch daz er
ze Kriste kêret sîne ger,
835 den spîset er mit sîner habe.
daz er die mit trôste labe
die dîn gebot versmæhent hie,
des vlîzet er sich, wand er nie
den goten wolte bî gestân.
840 er hât vil wunder hie getân
mit zouber daz er trîbet.
ist daz er hie belîbet
und niht von hinnen wirt gejaget,
daz volc an dîner ê verzaget
845 und wirt an Krist geloubhaft.
sîn rât mit valscher meisterschaft
unbilde kan verenden.
lâ, herre, den besenden
den er gesehende mahte,
850 durch daz du manger slahte
getiusche an im beginnest sehen,
wan ez von gougel muoz geschehen
daz er die siechen alle stunt
mit sîner helfe tuot gesunt.'

---

827 sprâchens *L* = sprachen sie (sprâchen *H*).　829 Den
= die.　833 gebende = geben.　836 die mit
trôste labe (mit tr. die gelabe *L*).　843 von *L* = *fehlt* (*H*).
851 an im beginnest = beginnest an ime.

855  Dem keiser was diu rede leit.
er hiez in sîner grimmekeit
den man vür sich besenden
der von des knaben henden
sîn lieht viel schiere wider nam.
860  und alsô er ze hove kam
mit unverzagtes herzen ger,
dô sprach der keiser: 'bistu der
der von Pantaleône
gesehende wart vil schône
865  und ein sus klârez lieht gewan?'
'jâ, herre', sprach der guote man,
'ich bin der sunder lougen
dem er zwei lûter ougen
mit sîner helfe hât gegeben.
870  sîn rât mir lîp, herz unde leben
genædeclîche mahte vrô.'
'nu sage mir', sprach der keiser dô,
'wie mahte er dich gesunthaft?
hât er dich mit der gote kraft
875  alsus erliuhtet oder wie?'
'nein', sprach er, 'dîne gote nie
gehulfen im ze dirre getât
diu mich alsus erlœset hât
von der vil starken swære mîn.
880  wie solten mich die gote dîn
erliuhten mit ir stiure,
sît daz in allen tiure
lieht unde lûter ougen sint?
swaz selbe toup ist unde blint,
885  wie möhte mir daz iht gevromen?
mir hânt die meister ab genomen
mîn guot mit arzenîe gar,
alsô daz ich ir helfe bar

_____

865 Und = *fehlt.*    870 mir = min.    879 starken
= starker.    880 die = der.    882 daz = *fehlt.*
883 unde = von.

gestuont an beiden ougen doch.
890 ich hete ein wênic liehtes noch:
daz nâmen si mir und den lôn.
dô nerte mich Pantaleôn,
als ez gebôt sîn herre Krist,
der gotes sun von himel ist
895 und wunders vil begangen hât.
er lât an im sîn hantgetât
rîlîche stiure vinden.
die lamen und die blinden
mac heilen sîn vil starc gebot,
900 wan er ist ein almehtic got,
der wazzer, viur, luft, erden
und alliu dinc liez werden.'
Der keiser zallen orten
wart sêre von den worten
905 erzürnet als ein tobic hunt.
mit grimme sprach er sâ zestunt:
'alrêst prüev ich die wârheit.
swaz mir nû lange wart geseit
von Pantaleône,
910 des bin ich komen schône
zeim ende nu bî dirre vrist.
sîn gougel und sîn zouberlist
den goten vil geschadet hât.
der disen menschen leben lât
915 der von der helfe sîn gesiht,
und in zehant verderbet niht,
mîn volc daz wirt bekêret,
wan ez mit opfer êret
deheinen got von mîner ê.
920 man sol niht langer und niht mê
genesen lâzen disen man,
der ein urkünde geben kan

---

895 *in hs. nach* 896.    897 Rîlîche = rigeliche.    900 ein
= *fehlt.*        906 er = *fehlt.*        915 gesiht = geschiht.
916 in = *fehlt.*        920 Man = wan.

daz er gesehende worden sî.
nu machet in bar unde vrî
925 des lîbes und des lebetagen.'
seht, alsô wart im ab geslagen
daz houbet bî den stunden.
des wart sîn sêle vunden
schier in dem paradîse.
930 Pantaleôn der wîse
rîlichen solt ze lône gap,
daz er in sînes vater grap
verborgenlîche wart geleit.
der im den lîp ze tôde sneit
935 und im dâ sluoc daz houbet abe,
der truoc in selbe hin ze grabe,
durch daz man gap im tiuren lôn.
dar nâch sô wart Pantaleôn
hin zuo dem keiser ouch besant.
940 er kam dô vür in alzehant
gegangen ûf den palas.
daz er vor im verleidet was,
dar ûf aht er vil kleine.
der gotes kempfe reine
945 die marter lîden wolte
durch daz er tragen solte
der sigenüfte palmen.
er sprach zehant den salmen
ûf rîches lônes zuoversiht:
950 'mîn lop verswîc, got herre, niht;
du maht ez offen unde kunt,
wan die sündære hânt ir munt
durch haz entslozzen über mich.
mit nîdes worten vîentlich
955 hânt mich bevangen übel man,
die mich vergebene strîtent an'.

---

923 gesehende = genesen.    936 hin = *fehlt*.    938 sô
= *fehlt* (*H*).    940 Er = dar.    942 vor = von.    943 aht
= ahtet.    955 übel = übele (*H*), *ebenso* 1034, 1914.

Den salmen der getriuwe sprach.
der keiser in dô komen sach
mit willecliches herzen ger.
960 'du bist Pantaleôn', sprach er;
'dar umbe entsliuz die rede mir
ob daz sî wâr daz ich von dir
nu lange zît vernomen hân.'
dô sprach der knappe wol getân:
965 'waz hât man dir von mir gesaget?'
'mir hânt die meister hie geklaget',
sprach aber zim der heiden arc,
'daz du mit zouberîe starc
den goten vil geschadet habest,
970 und daz du vuorest unde labest
vil mangen den ich heize queln.
ich hœre sprechen unde zeln,
swer lige in mînen banden,
daz du mit dînen handen
975 den salbest unde heilest.
du vröuwest unde ergeilest
die kristen algemeine,
die mînen goten reine
ze lobelichen dingen
980 nicht opfers wellent bringen.'
Des antwurt im Pantaleôn.
er lie vil süezer stimme dôn
erklingen von dem munde sîn.
er sprach: 'die valschen gote dîn
985 die spulgent snœder meisterschaft.
den himmel kunde niht ir kraft
geschepfen noch die erden.
hie sol erzeiget werden
waz ûf si tugende sî gewant.'
990 'wie mac daz werden uns bekant?'
sprach aber dô Maximiliân.
'dâ solt du vür dich bringen lân

---

981 antwurte = antwurtet.     982 süezer = süsze.

bald einen siechen man', sprach er.
'heiz einen betterisen her
995 vil schiere dinsen unde tragen
des lîp von sînem siechtagen
niht gerüeren künne sich.
sô der gevüeret sî vür dich
und du beschouwest sînen pîn,
1000 sô lâ zehant die priester dîn
al dîne gote schrîen an
daz si dem lidesiechen man
hie wider geben sîne genist.
dar zuo sô wirt mîn herre Krist
1005 von mir gevlêhet ouch zestunt
daz er in mache wol gesunt
und ime rehtiu lit beschere.
swer denne sînen lîp genere
und in ervröuwe ân allen spot,
1010 den êre man vür einen got
der starc ist unde sigehaft.
ist daz im dîner gote kraft
gebieten mac gesuntheit,
sô werde ir lop wît unde breit
1015 gemachet ûf der erden.
müg aber er niht werden
genert durch dîner gote list
und heilet in mîn herre Krist,
sô lâ dîn ê versmæhet sîn
1020 und üebe den gelouben mîn,
der als ein rehter orden
bewæret denne ist worden.'
   Maximiân der keiser,
âmehtic unde heiser
1025 an kristenlicher sælekeit,
liez im niht sîn die rede leit,

---

996 siechtagen = siechetagen (*H*).   998 dich = mich.
1004 zuo = *fehlt*.   1018 heilet = heile.   1025 kristen-
licher = cristenliche.

wan im diu wort gevielen wol.
er sprach: 'jâ wil ich unde sol
hie volgen dîme râte.'
1030 sus hiez er vür in drâte
dô bringen einen menschen lam.
der wart getragen unde kam
ze hove in sînem bette swach.
dâ von der übel heiden sprach
1035 dem wîsen jungelinge zuo:
'den goten kunt dis êre tuo
daz wir von êrste ir kraft gesehen.
und sô daz denne sî geschehen
daz ir gewalt versuochet ist,
1040 sô lâz erkennen waz dîn Krist
mit helferîchen henden
hie wunder müge verenden
an dem vil siechen manne.
swer in geheile danne,
1045 der sî geprîset iemer mê.'
Pantaleôn sprach: 'diz ergê
nâch dînes herzen muote gar.'
sus hiez dô sîne priester dar
der keiser îlen zeme lamen.
1050 er sprach daz si der gote namen
sêr unde lûte riefen an,
durch daz si dem viel siechen man
benæmen dâ sîn ungemach.
diz wart getân und diz geschach.
1055 si wurden alle bî der zît
gar inneclichen an geschrît;
daz wênic half den betterisen.
der eine den, der ander disen
begunde tiure dô beswern
1060 daz si den siechen man genern

---

1030 vür in = bringen.    1034 Dâ = do (*H*).    1038 denne
sî = dine ist.    1040 erkennen = erken.    1054 und diz
geschach = vū sprach, *übergeschrieben* diz.    1056 geschrît
= gestrit.

geruochten ûf dem palas.
her Galliên und Ypocras
vil manger hande bete liten.
ouch hôrte man genuoge biten
1065 Asclêpium der helfe sîn.
dô wart ein lût gebrehte schîn
von manger stimme schalle.
swaz si geriefen alle,
daz was ein üppeclich geschrei.
1070 den lamen half niht umbe ein ei
swaz bete umb in aldâ geschach.
und dô Maximiân ersach
daz von den goten bî der stunt
niht wart der sieche man gesunt,
1075 dô wart Pantaleôn zehant
von im geheizen und gemant
daz er dâ bæte Jêsum Krist
daz er geruochte sînen list
an dem vil siuchebæren
1080 erzeigen und bewæren.
      Pantaleôn der guote lie
dô nider sich ûf sîniu knie
diemüeteclichen alzehant.
der süeze Krist von im gemant
1085 wart inneclichen bî der stunt.
sîn kiuscher und sîn rôter munt
alsus begunde sprechen zim:
'got herre, mîn gebet vernim
unde erhœre mîniu wort.
1090 ûf dîne hôhen himel dort
lâ mîne stimme komen ze dir.
dîn bilde kêre niht von mir

---

1061 Geruochten = gerùchen.   1065 helfe = bete (*H*).
1069 ein = *fehlt.*   1074 man = *fehlt.*   1078 geruochte
= gerûche.   1079 siuchebæren *L* = siecheb. (*H*).
1083 Diemüeteclichen = diemûteclich.   1087 Alsus begunde
= begvnde alsus.   1090 himel = himele (*H*), *ebenso* 1101.

und neige mir daz ôre dîn,
swenn ich dir klage die swære mîn
1095 und mich grôz angest twinge.
dar umbe daz erklinge
lop unde prîs dem dînen namen,
sô tuo gesunt hie disen lamen
und lâ bewæren dîn gebot
1100 daz âne dich kein ander got
ze himel noch ûf erden ist.
erzeige an im, vil süezer Krist,
die manicvalte sterke dîn.'
hie mite er bôt die hende sîn
1105 dem betterisen unde sprach:
'stânt ûf ân allez ungemach
in Kristes namen unde ganc
alsô daz dîniu lider kranc
von sîner helfe sîn gesunt.'
1110 ûf mahte sich dô bî der stunt
der sieche ân allen smerzen.
an liden unde an herzen
was er gerech dâ worden;
dâ von der kristen orden
1115 vil sêre wart gemêret.
vil heiden wart bekêret,
die sich geswinde toutften
und mit ir marter koutften
den êweclichen gotes lôn.
1120 sus hæte dâ Pantaleôn
gewunnen mange sêle gote,
die der keiser mit gebote
lie von dem lîbe scheiden.
die touben argen heiden
1125 Pantaleône wurden gram.
nâch sîme schaden vreissam
wolt ir gemüete sich dô senen,
wan si begunden mit den zenen

---

1097 dem = *fehlt.*     1109 sîn = si.     1110 dô
= *fehlt.*     1128 begunden = begunde.

ûf in grisgramen alzehant.
1130 der keiser wart von in gemaut
ûf sînes lîbes ungewin.
die meister sprâchen wider in:
'lâstu den zouberære
belîben âne swære,
1135 sô muoz verdorben iemer sîn
daz opfer al der gote dîn,
wan er si wirde roubet.
daz volc an in geloubet
und lît an im ir zuoversiht.
1140 du selbe an in geloube niht,
wan er mit valschen sachen
daz wunder kunde machen
daz er die helfe an dirre stete
dem ungesunden manne tete.'
1145   Der keiser wânde ez wære wâr
des im die meister offenbâr
verjâhen von dem guoten.
dem jungen rîchgemuoten
Pantaleône sprach er zuo:
1150 'vriunt lieber, mînen willen tuo
durch dîne lobelichen tugent.
erlœse dîne klâren jugent
von angestbæren dingen.
geruoche ein opfer bringen
1155 den goten algelîche,
durch daz du werdest rîche
gemachet von den henden mîn.
gedenke wie des tôdes pîn
vil manger hât erliten hie
1160 der ab den goten lobes gie

noch in niht wolte dienen mêr.'
dem keiser übel unde hêr
Pantaleôn antwürte bôt.
er sprach: 'swer hie gelegen tôt
1165 von dîner gote schulden ist,
den machet dort mîn herre Krist
mit sîner helfe lebende,
wan er wirt im dâ gebende
vröud unde wünneclich gemach.'
1170 der keiser dô mit zorne sprach:
'swîc unde nenne Kristes niht.
lâz unde mît die zuoversiht
die du ze sîner helfe treist.
du merkest doch wol unde weist
1175 waz durch in in vil kurzen tagen
nœt unde pînes hât getragen
Anthimiân der alte,
den du mit dîme gewalte
sîn ougen mahtest lûter.'
1180 der gotes kempfe trûter,
Pantaleôn, sprach aber dô:
'mîn herre ist des gedinges vrô
daz ich die marter lîden sol.
ich junger billich unde wol
1185 durch Krist vil nœte dulde,
sît daz ân alle schulde
Anthimiân der alte leit
durch in vil strenger arbeit.'
Nu daz der keiser daz vernam
1190 von dem junkherren wunnesam
daz er durch allez sîn gebot
Krist Jêsum, den erwelten got,
ûz sînem muote niht enliez,
seht, dô gebôt er unde hiez
1195 daz er gehenket würde enbor
und man im hinden unde vor

mit viure tæte unmâzen wê.
sîn lîp reht als ein niuwer snê
wîz unde blanc geverwet
1200 wart jæmerlîche engerwet
und ûf gehangen alsô blôz.
den schaden bitter unde grôz
vil harte lützel er entsaz.
mit liehte manic glasevaz
1205 sêr unde tobelîche enbrant
gehenket wart umb in zehant
sô daz die vlammen viurîn
ir hitze gâben unde ir schîn
an sîne wünneclichen hût.
1210 Pantaleôn truoc über lût
die marter mit gedultekeit.
den pîn er senfteclichen leit,
wan er im harte kleine war.
dô man die lampen hæte gar
1215 enzündet unde enbrennet,
dô wart er vrô bekennet
und âne leides smerzen.
er sante ûz sîme herzen
ze gote mangen siufzen tief.
1220 'Krist herre', sprach er unde rief,
'als du mir hâst geholfen ê,
sus lâ mir komen aber mê
die helfe dîn ze trôste.
von dirre lampen rôste
1225 geruoche erlœsen mîne jugent.
durch dîne veterlichen tugent
mir hilf mit dîner stiure
von dirre liehte viure,
daz in den glesern ist enbrant
1230 und mir vil nâhe lît gewant.'
    Nu daz er disiu wort gesprach,
    Krist Jêsum er dô komen sach

1221 ê (ie *H*).    1222 mê (hie *H, der die hs. fälsch-*
*lich* nie *las*).    1228 liehte = liehten

in eines pfaffen bilde alsus
als ob ez Ermolâus,
1235 der reine priester, solte sîn.
got, unser aller trehtîn,
sprach wider in lieplîche dô:
'vriunt guoter, wis von herzen vrô,
wan ich in al der nœte dîn
1240 wil mit dir wesen unde sîn
alsô daz ich erlœse dich
von strenger swære grimmelich
und ich dîn angest büeze.'
nâch disen worten süeze
1245 die lampen und diu glasevaz
erlâschen alliu, wizzent daz;
ir glenzen unde ir schîn verdarp.
got selbe schuof daz unde erwarp
mit sîner götlichen kunst
1250 daz der vil heizen liehte brunst
Pantaleône dô niht war.
die knehte die bekomen dar
durch sîne marter wâren
und sîn dâ wolten vâren
1255 mit strenger nœte vreissam,
die wurden bî der zîte lam
gemachet an ir hende liden.
seht, alsô kunde dô bevriden
got, unser herre, sînen kneht.
1260 durch sîner hôhen tugende reht
liez er im arges niht geschehen.
und dô der keiser hæte ersehen
daz im niht war der hitze nôt,
weiz got dô hiez er und gebôt
1265 daz man enbünde sîniu lider
und er gelâzen würde nider

---

1234 Als = also.    1239 al = aller.    1247 glenzen
= glentz.    1248 selbe = selber (*H*).    1249 götlichen
= gotlicher (gotelichen *H*).    1256 lam = sam.    1265 en-
bünde = enbinde (*H*).

zer erden bî der stunde.
uz einem valschen munde
sprach er mit zorne wider in:
1270 'sag an, wie bistu komen hin
der marter angestbære?
waz mohte vor der swære
dîn leben hie gevristen?
mit welher hande listen
1275 hâstu die knehte mîn erlemet
und daz wilde viur gezemet,
daz dir sîn hitze niht enwar
noch dir deheinen schaden bar?'
Pantaleôn antwürte bôt
1280 der rede. er sprach: 'ze dirre nôt
half mich deheiner slahte list,
wan der getriuwe süeze Krist
der hât mich aleine erlôst.
er ist der arzenîe trôst
1285 der ich ze mîner swære pflige,
und hilfet mich daz ich gesige
an dîme zorne vreissam.
er mahte dîne knehte lam
an henden unde an armen.
1290 die heizen und die warmen
lampen er erleschet hât.
sîn helfe dringet unde gât
vür aller künste lêre.'
von disen worten sêre
1295 Maximiân beswæret wart.
durch sîne grimmelichen art
begunde er zornic schînen
und wolte vaster pînen
den jungelinc an sînen liden.
1300 ûz îsen einen zuber sniden
der ungetoufte keiser hiez.
ein wunder blies man zerliez

1271 angestbære = vn̄ angest bere.    1291 er = *fehlt*.

mit viure drinne, als er gebôt.
und dô daz blî wiel unde sôt,
1305 dô wart Pantaleôn dar in
durch marterlicher nœte pîn
gesetzet nacket unde bar.
sîn hût alsam ein snê gevar
wart von dem heizen blîe naz,
1310 dar inne er âne vorhte saz
und engestlicher nœte vrî.
daz wallend und daz heize blî
dûht in süez als ein honicmete.
mit vlîze sant er sîn gebete
1315 ûf zuo den himelkœren.
er sprach: 'geruoche erhœren,
got herre, mîne stimme.
ûz aller vorhte grimme
des leiden widersachen
1320 soltu mich ledic machen
unde entbint die sêle mîn
von im durch al die güete dîn.'
    Der reine marterære
nu daz er âne swære
1325 ze gote dise rede getete,
dô dûhte in aber an der stete
daz Ermolâus kæme dâ.
Jêsus begegent im iesâ
vrœlîche in sînem bilde.
1330 des wart im trûren wilde,
wan Krist, der guote, selbe trat
ze dem junkherren in daz bat,
daz von dem heizen blîe sôt.
sîn hant er im ze helfe bôt:
1335 von der enpfienc er stiure.
daz blî daz von dem viure
wiel unde tobelîche bran,
daz wart erleschet und gewan

---

1303 drinne = drin.    1304 wiel = wel.    1315 den
= des.      1322 al = alle.

Pantaleôn sîn vrî gemach,
1340 daz im dô leides niht geschach
von sîner hitze manicvalt.
er wart erküelet unde kalt
alsam ein süezer meien tou.
dâ von den klâren niht gerou
1345 sîn dienest den er Kriste bar.
swer dirre zeichen wart gewar
diu got durch sînen willen tete,
den nam des wunder an der stete
daz er die marter überwant.
1350 der keiser aber dô zehant
von zorne tobic wart gesehen.
er sprach: 'wie mohte ez ie geschehen
daz er alsus genesen ist?
weiz iemen welher hande list
1355 in lôste von der nœte?
wâ mit ich in ertœte,
daz râten al die mîne,
und vinden im die pîne
die von dem lîbe in scheiden.'
1360 seht, alsô bat der heiden
dô râtes sîne hovediet,
diu des junkherren schaden riet
und sînes lîbes ungemach.
ir rât der lêrte in unde sprach,
1365 er solte in sunder alle wer
versenken heizen in daz mer;
sô möhte er wol verderben
und müeste drinne sterben
vil schiere ân allen widerstrît.
1370 sus vuorte man in bî der zît
gebunden an des meres stat.
der keiser im dô henken bat

---

1352 mohte ez = möht diz.    1356 in = *fehlt.*
1357 râten = râtent (*H*).    1364 Ir = sîn (*H*).   der =
*fehlt.*    1372 im dô = in da.

an sine kelen einen stein
der michel unde grôz erschein.
1375 Mit dem sô wart er in den sê
geworfen, daz im doch nicht wê
ze herzen noch ze lîbe tete,
wan im begegent an der stete
Krist Jêsus aber dô zehant.
1380 der het ein bilde und ein gewant
als Ermolâus an im truoc.
er was gelîch dem priester gnuoc
an antlitz unde an kleide.
von sorgen und von leide
1385 lôst er zehant den jungelinc.
an im ein wunderlichez dinc
von sîner helfe dô geschach.
der stein im ab der kelen brach:
von dem wart er enbunden.
1390 in vuorte bî den stunden
got, unser herre, zeme stade,
sô daz im keiner slahte schade
von deme wilden sê geschach.
dâ von lobt er in unde sprach
1395 mit vröuden sunder smerzen:
'in allem mînem herzen
sol ich dir bîhten, herre got.
ich prîse dîn vil starc gebot
und wil in mîner jâre tagen
1400 dîn wunder künden unde sagen.'
    Der keiser zornic wart erkant.
'Pantaleôn', sprach er zehant,
'hât aber dir dîn zouberlist
geholfen daz du komen bist
1405 gesunt ûz disem wâge?'
der jungelinc der vrâge
bôt im antwürte sunder wân.
er sprach: 'daz mer daz hât getân

---

1381 Als = also.    1388 Der = den.    1399 jâre = iaren.

daz im gebôt sîn herre nu'.
1410 'ja', sprach der heiden, 'so maht du
des wâges ouch gewaltic sîn,
sît daz er dem gebote dîn
gar undertænic worden ist?'
'nein', sprach er, 'der getriuwe Krist,
1415 dem ich dâ diene sunder wer,
der kan gebieten ouch dem mer
und disem wâge wilde.
sîn götlichez bilde
mac aller dinge hân gewalt.'
1420 der keiser aber dô gestalt
wart von der rede in tobeheit.
sîn grimmez herze wart geleit
in argen willen schiere.
vil engestlicher tiere
1425 bereiten hiez er unde bat
den herren bringen zuo der stat
dâ si gesament wâren.
si solten sîn dâ vâren
und in der strengen noete gewern.
1430 lêbarte, löuwen, trachen, bern
und manger hande würme
lie man durch grimme stürme
ze dem vil ûz erwelten,
dar umbe daz si quelten
1435 vil marterlîche sînen lîp.
des kâmen dar man unde wîp
gemeinlîch unde wolten sehen
daz jâmer daz an im geschehen
dâ solte von den tieren arc.
1440 dô wart ein samenunge starc

---

1416 gebieten ouch = och gebieten (*Wolff AfdA 13, 240*
*wollte den ganzen vers lesen* kan ouch gebieten deme mer).
1418 götlichez (götelichez *H*).        1429 strengen = strenger.
1430 Lêbarte = lethbarte, *ebenso* 1460.        1432 Lie = die.
1433 ze dem vil = zuo dem (*H*).    ûz erwelten = verserwelten.
1437 Gemeinlîch = gemeinlichen.

unde ein grôz gedrenge.
diu tier grimm unde strenge
dô wurden an den jungelinc
gelâzen al in einen rinc,
1445 der in dâ was bereitet.
doch wart von in geleitet
Pantaleôn dô wol gesunt,
wan in got lôste bî der stunt
von sorgen und von pîne.
1450 der kam dar in dem schîne
des priesters schiere gegangen,
von dem er het empfangen
den touf der kristenlichen ê.
reht als im was geholfen mê,
1455 sus wart er aber dô genert.
den grimmen tieren wart beschert
von gote ein alsô milter sin
daz si vür in dô giengen hin
güetlîche ân allez dröuwen.
1460 lêbarten unde löuwen
niht stuonden im ze vâre.
man sach si mit gebâre
den jungelinc dô grüezen.
an henden unde an vüezen
1465 begunden si dô lecken
den herren âne vlecken
und aller missewende blôz.
sich huop ein vehten harte grôz
unde ein vîentlicher strît
1470 von al den tieren bî der zît.
    Si kriegten welhez under in
von êrste solte kêren hin
ze dem junkherren ûz genomen.
kein tier von im dô wolte komen

---

1444 al = alle.    1447 wol = vol.    1451 schiere
= schin.    1470 al = allen.    1472 solte = da solte.
1474 von im dô wolte = wolte von im da.

1475 ê daz der reine gotes degen
    gæb ime sînen süezen segen
    und ez von dannen hieze gân.
    diz vremde wunder wart getân
    durch den vil tugentbæren.
1480 daz liez sich dô beswæren
    der keiser unde müejen.
    Pantaleôn dô blüejen
    begunde in hôher werdekeit,
    durchliuhtic prîs wart im geseit
1485 mit lobelichem schalle.
    die liute meistic alle
    riefen sunder allen spot:
    'grôz ist der kristenheite got,
    der diz unbilde hât getân.
1490 man sol gesunt von hinnen lân
    Pantaleônen, sînen kneht:
    daz ist billich unde reht.'
    Der keiser als ein tobic hunt
    begunde wüeten an der stunt
1495 durch daz geschrei daz dô geschach.
    swaz liute dô rief unde sprach,
    man solte lân den jungelinc,
    den wurden marterlîchiu dinc
    durch sîn gebot erzeiget.
1500 gevellet und geveiget
    vil schiere wurden tûsent man.
    den hiez der keiser legen an
    gar einen bitterlichen tôt.
    seht, alsô wart ir bluotes rôt
1505 vergozzen dô vil manic trahen.
    Maximiân der hiez erslahen
    diu wilden tier durch sînen zorn,
    diu den junkherren wol geborn

---

1479 tugentbæren = tugendeb. (*H*), *ebenso* 1972.
1484 wart = war.    1490 Man = wan.  hinnen lân =
hinnan gan.

niht wolten vrezzen bî der vrist.
1510 Pantaleôn der lobte Krist
der manicvalten helfe sîn.
er sprach: 'vil süezer trehtîn,
prîs unde lop sî dir geseit
der gnâden und der sælekeit,
1515 daz du geruochtest, herre got,
daz manger hie durch dîn gebot
ein marterlichez ende lite.
du woltest niht gnuoc hân dâ mite
daz liute durch den willen dîn
1520 hie trüegen strenger nœte pîn,
du enliezest ouch diu tier durch dich
hie lîden marter engestlich.'
    Pantaleôn die rede treip.
dâ von der keiser dô beleip
1525 vil zornic unde sprach alsô
mit einem argen muote dô
ze sînem ingesinde:
'waz tuon ich disem kinde,
daz hie mit zouber wundert
1530 und von den goten sundert
alt unde junc, man unde wîp?
hie wirt verkêret manic lîp,
ob ich im niht daz leben nime.'
der rede antwürte gâben ime
1535 die besten alle von der stat.
sî sprâchen: 'herre, lâz ein rat
und eine schîben machen
von künstebæren sachen
und heiz in dar în binden;
1540 sô muoz er sînen linden
und sînen weichen lîp verzern.
wiltu des lebens in verhern

---

und gar zevüeren sîniu lider,
sô werde ab einem berge nider
1545 gelâzen beide schîbe und er.
dâ von sîn verch hin unde her
beginnet sich engenzen.
jâ muoz sich dô verschrenzen
sîn vleisch und sîn gebeine.
1550 die stocke und ouch die steine
zervüerent im hût unde vel,
wan swie diu schîbe sinewel
beginnet walzen hin ze tal,
sô wird zerteilet über al
1555 sîn lîp in kleiniu stückelîn.
daz schulderîche leben sîn
muoz er zehant verliesen.
sol er sîn ende kiesen,
daz mac geschehen, herre, alsô.'
1560 der rât Maximiâne dô
vil ûzer mâzen wol geviel,
wan sîn gemüete in zorne wiel
ûf den erwelten gotes kneht.
der keiser durch sîn unreht
1565 den jungelinc gehalten hat
biz im gesmidet würde ein rat
ûz îsen unde ein schîbe,
dâ mit er sîme lîbe
dô mêren wolte leides klage.
1570 er wart beslozzen drîzic tage
in eime tiefen kerker,
durch daz sîn angest sterker
dâ würde und al sîn arbeit.
ouch was diu schîbe dô bereit
1575 dâ man zervüeren wolte mite
sîn verch rein unde wol gesite.

---

1545 schîbe = schiben.          1546 verch = werk.
1551 im = ime och.      1552 swie = swen.      1560 Maxi-
miâne = maximianeu.      1567 ein schîbe = eine schiben.
1568 lîbe = liben.      1576 verch = werch.

Si wart erziuget schône
mit rîcher koste lône,
als ez gebôt Maximiân.
1580 Pantaleôn der muoste gân
des endes dâ diu schîbe was.
ze gote er sîn gebete las
und bat in der gnâden sîn.
er sprach: 'vil lieber trehtîn,
1585 du neige mir dîn ôre
von dîme himelkôre
und stiure mînen ungewin.
sît daz ich arm und dürftic bin,
sô werde mir dîn trost gesant.
1590 du lâ mir dîne zeswen hant
stiur unde helfe reichen.
beganc an mir ein zeichen
durch die götlichen güete dîn,
sô daz die widersachen mîn
1595 und die mich hazzent müezen sehen
daz mir diu gnâde sî geschehen
daz mich dîn helferîcher trôst
ûz mînen sorgen habe erlôst.'
Nu der junkherre diz gebete
1600 gesprochen vlîzeclichen hete,
dô wart er bî den stunden
vil schiere dâ gebunden
mit starken riemen ûf daz rat.
sîn reiner lîp wîz unde glat
1605 genzlichen wart enblecket
und alsô blôz gestrecket
ûf die vertânen schîben,
die man begunde trîben
zehant ûf einen hôhen berc,
1610 durch daz man griuwelîchiu werc

---

1588 daz = *fehlt* (*H*). 1596 diu = *fehlt.* 1598 mînen
= mine. 1601 wart = was (*H*). 1606 gestrecket
= geschrecket. 1610 griuwelîchiu = grüliche (griulichiu *L*).

begienge an dem vil reinen.
an stocken unde an steinen
zerbrechen wolte man den helt,
den got ze kempfen hæte erwelt
1615 und im geruochte bî gestân.
diu schîbe diu wart an gelân
dar umbe daz si liefe nider
und im zervuorte sîniu lider
mit scharpfer und mit strenger nôt.
1620 man wolte im einen grimmen tôt
dô stiften unde briuwen.
dô lôste in ûz den riuwen
sîn herre, der vil süeze Krist,
der im begegent an der vrist
1625 und in generte sâ zehant.
die stricke brâchen und diu bant
dâ mit er was gebunden,
und wart er âne wunden
des lîbes und des herzen
1630 erlœset von dem smerzen
der marterlichen quâle.
diu schîbe zuo dem mâle
schuof dô vil ungewinnes,
wan si lief widersinnes
1635 an die verworhten heiden,
der si begunde scheiden
ein wunder von dem lebetagen.
vünf hundert man ze tôde erslagen
dô wurden von ir loufe snel.
1640 Pantaleôn lid unde vel
ganz unde wol gesunt behielt.
dâ von der keiser zornes wielt,
den im sîn arkheit worhte.
vil engestlicher vorhte
1645 die burger liten von der stat,
dô man daz griuwelîche rat

---

1616 diu = *fehlt.*    1620 wolte = *fehlt.*    1626 stricke
= stōke.    1639 wurden = wurde.

die grimmen slahte briuwen sach
diu gnuogen dâ von im geschach.
Nu diz unbilde waz geschehen
1650 und dô der keiser hete ersehen
daz in dâ half niht an der stete
daz er Pantaleône tete,
dô sprach der heiden wider in:
'sag an, wer hât der künste sin
1655 und disen list gelêret dich
daz dir kein marter engestlich
enwirret noch kein argez dinc?'
'mich lêrte', sprach der jungelinc,
'der priester Ermolâus.
1660 er hât mich underwîset sus
und ist der meister mîn gewesen.
swaz ich ze herzen hân gelesen
witz unde guoter künste,
daz ist von sîner günste
1665 mir widervaren und geschehen.'
'nun sprich, möht ich in hie gesehen?'
sprach aber dô Maximiân.
'ich wolte ouch sîne lêre hân
und sîner meisterschefte gunst,
1670 durch daz ich etelîche kunst
von im gelernen möhte
diu mîner sêle töhte
und mir zen êren wære
nütz unde helfebære.'
1675 Die rede treip durch âkust
der keiser, wande in sîner brust
versigelt lac valsch unde mein.
den priester, der geliutert schein
vor wandelbæren sinnen,
1680 wolt er alsus gewinnen

---

1654 der künste sin = die künste din (*H*).    1660 hât
= *fehlt*.    1665 widervaren = widervarn (*Schr. möchte lesen*
widervarn und wol geschehen).

und vür sich bringen alzehant.
den valsch den hæte an im erkant
Pantaleôn vil schiere dô.
dô sprach er wider in alsô:
1685 'gebiutest duz, ich bringe dir
mit willecliches herzen gir
den meister und den herren mîn,
der mit der hôhen lêre sîn
dir mac gehelfen und gevromen.'
1690 'jâ', sprach der keiser, 'heiz in komen
und lâz in werden hie besant.'
sus gienc Pantaleôn zehant
enwec schier unde snelle
und îlte zuo der zelle
1695 dâ der priester inne was
und alle zît sanc unde las
ze prîse dem erwelten gote.
doch gie Maximiânes bote
mit Pantaleône dar,
1700 durch daz er sîn dâ næme war
und er in hæte in sîner pfliht,
daz er entrinnen möhte niht.
    Nu daz er in die zelle kam
vür sînen meister lobesam,
1705 dô wart er sîner künfte vrô.
'diu zît ist komen', sprach er dô,
'daz man mich krœnen sol mit dir.
ein stimme kam hînaht ze mir,
diu seite, ich solte strîten
1710 den kampf in kurzen zîten
den Pantaleôn ouch strite.
hie weiz ich unde erkenne mite
daz ich die marter lîden sol.'
sus giengen si dô vröuden vol
1715 hin zuo dem keiser alzehant.
und dô er hete alrêrst bekant

---

1689 gehelfen = helfen.    1693 schier = sicher.
1700 dâ = *fehlt* (*H*).    1701 hæte = hete (*H*).

daz vür in kam der priester hin,
dô sprach der keiser wider in:
'vriunt, sage mir ze diute,
1720 wie nennent dich die liute?'
    Des gap er im antwürte alsus.
'herr, ich heiz Ermolâus',
sprach er gezogenlîche dô.
'von êrste ich wart genant alsô
1725 von mînen vriunden lobesam.
noch zieret mich ein bezzer nam
mit sîner tugende listen:
ich bin genant ein kristen
und wil ouch iemer einer sîn.'
1730 'nu tuo mir hie mit worten schîn',
sprach aber dô Maximiân,
'siht man dich iender bî dir hân
iht bruoder und gesellen,
die gerne ervüllen wellen
1735 al dîne lêre und dîniu wort?'
'jâ', sprach er, 'ich hân zwêne dort
die mîne bruoder sint in gote.
si lebent wol nâch mîme gebote
und habent mir gevolget ie.'
1740 der keiser sprach: 'wie heizent die?
daz lâ mich wizzen unde enstân.'
der kiusche reine kapellân
bôt ime balde antwürte des.
'Hermippus und Hermocrates
1745 si zwêne sint genant', sprach er.
'nu lâ si beide komen her',
sprach dô der keiser wider in.
sus wart nâch in gesendet hin,
dâ man si bî der zîte vant.
1750 ze hove kâmen si zehant
mit einander dô gezoget,
dâ sie der heidenische voget

---

1724 ich wart genant = wart ich genennet. 1732 siht
man dich iender L = siht man dich ien (sihet man dich H).

mit worten und mit rede enpfie.
er sprach: 'ir herren, ir sît die
1755 der rât Pantaleônen
den werden und den vrônen
goten hât alsô genomen
daz er ist von ir opfer komen
und er niht heizen wil ir kneht'.
1760 'herr, ez ist billich unde reht',
sprâchen si dô beide,
'daz er sich von in scheide
und daz er Kriste diensthaft
sî mit aller sîner kraft'.
1765 'Ir herren, redent niht alsô',
sprach der gebieter aber dô
schôn unde minneclichen zin.
'sît rîlich kunst und edel sin
iuch zierent beide und êrent,
1770 sô râtent unde lêrent
daz iuwer vriunt Pantaleôn
den goten heilic unde vrôn
mit sîme dienste bî gestê.
swie daz geschiht daz unser ê
1775 der jungelinc wil halten,
ich lâze iuch beide walten
rîliches guotes âne zal.
ir müezent sîn ûf mîme sal
lîp unde wert spât unde vruo.
1780 dâ von sô vlîzent iuch dar zuo
daz er durch iuwer lêre
zen goten wider kêre
und gebe in sînen prîsant.'
'nein herre', sprâchen si zehant,
1785 Hermippus und Hermocrates,
'wirn sulen in niht heizen des

daz sîme heile unrehte kome.
der rât wær im ze nihte vrome
daz wir in hiezen bringen
1790 als üppeclichen dingen
sîn opfer und die gâbe sîn.
got, unser aller trehtîn,
der himel schuof und erden,
der sol geprîset werden
1795 von im in allen enden.
mit herzen und mit henden
sol er sîn opfer bringen deme,
als ez dem namen sîn gezeme.'
    Hie mite was diu rede hin.
1800 die vier gesellen under in
von gotes geiste wielen.
an ir gebete si vielen,
des si mit vlîze pflâgen.
diu stat an der si lâgen,
1805 erbibent unde erwagete,
daz übel dô behagete
dem keiser an der stunde.
mit eime valschen munde
begunde er sprechen aber dar:
1810 'die gote sint erzürnet gar.
dâ von diz wunder hie geschiht
daz man daz ertrîche siht
erschüten sich durch die getât
daz man ir muot betrüebet hât
1815 mit sünden und mit meine.'
Pantaleôn der reine
gap im der rede antwürte dô.
wîslîche sprach er zim alsô:
'Maximiân, du sagest wâr.
1820 die gote die sint offenbâr
erzürnet und betrüebet,
wan ez ist an in güebet

---

1797 deme = dar.  1798 ez = er.  1819 sagest = seist.

diu lasterlîche smâcheit
daz si gevallen und geleit
1825 sint zuo dem ertrîche nider.
ir touben unde ir lamen lider,
an aller sælekeite blint,
zerstücket und zerbrochen sint
und ligent ûf der erde
1830 in schamelichem werde.'
　　Der keiser dô niht wolte
gelouben daz er solte
gesmæhet an den goten sîn.
er sprach: 'geswîc der kleffe dîn,
1835 vil sinnelôser jungelinc,
du redest üppeclîchiu dinc.
du gouch, war umbe tuostu daz?'
nu daz er in der rede saz
mit dem junkherren wol getân,
1840 dô kam zehant vür in gegân
ein bote, der seit im iesâ
daz sîne gote wæren dâ
zervallen und zervlecket.
des wart sîn muot erschrecket
1845 mit zorne bî der stunde.
von grimmes herzen grunde
sprach der vil arge heiden:
'ich sol benamen scheiden
die zouberære ûz dirre stat
1850 die mîne gote an êren mat
und an ir wirde tuont alsô.'
mit disen worten hiez er dô
den kerker ûf entsliezen
und darîn balde schiezen
1855 den helt Pantaleônen,
der nâch der himelkrônen
vaht verwegenlîche alsus.
der priester Hermolâus

---

1823 smâcheit (L, smâheit H).　　　　1856 himelkrônen
= himele kronen (H).

und die zwêne bruoder sîn
1860 die muosten angestbæren pîn
dâ lîden vil gemeine.
ir vleisch und ir gebeine
Maximiân hiez villen.
in wart durch gotes willen
1865 vil manic marter an geleit.
ze jungest sluoc man unde sneit
in allen drîn ir houbet abe.
heinlîche wurden si ze grabe
gevüeret vor den kristen.
1870 die stâlen si mit listen
und hiezen si bestaten sider.
Pantaleôn wart aber wider
gevüeret vür den keiser hin.
der sprach mit zorne wider in:
1875 'Vil tumber, unde wænest du
daz du von mîner hende nu
gar âne swære entrinnest?
nein zwâre, du gewinnest
vil marterlicher ungeschiht,
1880 ob du den goten bringest niht
daz opfer und den prîsant dîn.
dâ vor soltu gewarnet sîn,
und überhebe dich der nôt.
vermît den angestbæren tôt
1885 und kêre zuo dem lebetagen.
wiltu iht sælden hie bejagen,
sô tuo dich dîns gelouben abe.
gehüge wie sich bekêret habe
dîn meister Hermolâus.
1890 gedenke daz Hermippus
und sîn geselle Ermokrates
sich wellent vlîzent alles des

---

1866 jungest = jüngest (*H*).          1869 vor = von (*H*).
1879 marterlicher = marterliche.       1885 dem = den (*H*).
1886 iht = niht.

daz mînen goten êre sî.
joch volgent si mir alle drî
1895 mit willeclicher andâht.
ich hân si von ir muote brâht
in mîns gelouben orden.
vil undertænic worden
sint mir die selben liute.
1900 si tuont swaz ich gebiute
mit herzen und mit munde.
dâ von si z aller stunde
enpfâhent hôher wirde lôn.
dâ sich du an, Pantaleôn,
1905 und volge den gesellen dîn.
belîp hie mit in allen drîn
liep unde wert in mînem sal
und biut den goten über al
prîs unde lop, daz ist mîn rât,
1910 wan ez dir an dîn leben gât,
ob du dich niht bekêrest
und si mit opfer êrest.'
   Mit disen worten unde alsô
der übel keiser wolte dô
1915 den jungelinc betriegen,
wan er begunde im liegen
von den drîn marteræren.
er seite im daz si wæren
vil gar in sînen willen komen:
1920 dô was daz leben in benomen,
als ich dâ vor bescheiden hân.
der lüge sich begunde entstân
Pantaleôn der guote.
ez was im in dem muote
1925 von gotes geiste worden schîn
wie den gesellen allen drîn
von strenger marter wê geschach.
dâ von er zuo dem heiden sprach:

1894 Joch (jâ *H*).   1907 mînem (mîme *H*).   1922 sich
begunde = begunde sich (*H*).

'sît du mir hâst verjehen des,
1930 Hermippus und Hermokrates
und Hermolâus leben noch,
sô lâ mich si geschouwen doch
vor dîner ougen angesiht.'
'nein', sprach er, 'du maht ir niht
1935 vor mir gesehen nu zehant.
ich hân ze boten si gesant
ze vremden steten anderswar.
dâ nement si des dinges war
daz in von mir bevolhen ist.'
1940 sâ zehant und an der vrist
der jungelinc antwurte.
den valsch er balde spurte
des im der keiser dô verjach.
dar umbe er wider in dô sprach:
1945 'Bœser hunt, ez ist dîn site
daz valscher munt dir volget mite
und daz du dicke triugest.
swaz aber du geliugest,
doch hâst du mir nu wâr geseit.
1950 ez ist ein ganziu wârheit
daz du ze boten hâst gesant
den meister mîn in vremdiu lant
und sîne gesellen beide.
in spilnder ougenweide
1955 siht man die werden alle drî.
diu stat ist missewende vrî
dar în si von dir sint gevarn.
ze himel in der engel scharn
sint si gekrœnet schône
1960 und ist ouch mir ein krône
rîlichen unde wol bereit.
diu sol mir werden ûf geleit,

---

1934 maht (enmaht *L*).     1957 gevarn = geuar.
1958 scharn = schar.     1961 Rîlichen *L* = rilich (*H*).

sô daz ich si beginne tragen
schier unde in kurzeclichen tagen.'
1965 Maximiân, als der vernam
an dem junkherren wunnesam
daz er sich weder sus noch sô
von Jêsu Kristô wolte dô
mit sîme muote scheiden,
1970 do enbot der übel heiden
den sînen duræhtæren
daz si den tugentbæren
ze velde balde vuorten hin
und im daz houbet under in
1975 mit eime swerte slüegen abe
und ûf des grüenen plânes habe
den lîp ze pulver branten.
die knehte die volanten
daz in gebôt Maximiân.
1980 er wart ze velde ûf einen plân
gevüeret under einen boum,
der einen wünneclichen soum
von loube in sîner zîte bar.
der duræhter gienc einer dar
1985 mit eime scharpfen swerte blôz.
dem marterer kiusch unde grôz
wolt er daz houbet abe slahen
und sînes bluotes mangen trahen
unschuldelîche rêren.
1990 do enwolte sîn niht sêren
daz edel und daz tiure sahs.
lind unde weich reht als ein wahs
wart daz vil guote harte swert.
den gotes kempfen lobes wert
1995 moht ez dô niht verwunden.
und dô die knehte enpfunden

---

1964 unde *L=fehlt (H.)* 1970 Do enbôt=do gebot *(H).*
übel *von H gestrichen.* 1984 *ändert H:* ein duræhtære
gienc aldar. 1986 Dem = den. *H ändert:* dem kiuschen
marterære grôz. 1989 unschuldelîche (unschudeclîche *Schr.*).

die sînes tôdes wolten gern,
daz in daz swert dô niht gewern
verlüste mohte bî der zît,
2000 dô vielens ûf dem plâne wît
ze vuoze dem getriuwen.
mit herzenlichen riuwen
den reinen bâtens under in
daz er durch sîner tugende sin
2005 den süezen Krist dô bæte
daz er in gnâde tæte
mit veterlicher hulde
und in vergæbe ir schulde.
   Pantaleôn der guote
2010 mit lûterbærem muote
die knehte dô gewerte
des âne wandel gerte
ir wille bî der stunde.
mit herzen und mit munde
2015 rief er ze himel unde sprach:
'got, aller sælden obedach,
und aller tugend überhort,
geruoche erhœren mîniu wort
und êre mich des ich hie ger.
2020 dis armen liute du gewer
der gnâden und der hulden dîn.
ir schult lâz in vergeben sîn
und swaz ir lîp begangen hât.
verkius ir grôzen missetât
2025 und hilf in dort ûz aller nôt.
swer ûf der erde mînen tôt
und mîne marter êre,
dem hilf daz er bekêre
von sünden und von meine sich.
2030 vil süezer Krist, erbarme dich

---

2004 Daz = do.　　2016 obedach = oberdach (*H*).
2017 tugend überhort = tugende ein überhort (*H*). 2024 Ver-
kius = fürkuz.

über alle die mich ruofen an.
swer mîner swære mich erman
und mîner grôzen pîne,
got herre, dem erschîne
2035 genædic unde milte.
sît daz dich nie bevilte
güete und erbarmherzekeit,
sô stille im hie die arbeit
an lîbe und an der sêle dort
2040 und gip im stæter vröuden hort.'
    Nu daz er diz gebete getete,
dô wart erhœret an der stete
ein stimme diu von himel sprach:
'Pantaleôn, dîn ungemach
2045 ein ende wil enpfâhen.
dîn sêle diu sol gâhen
ûf zuo den himelkœren.
got der wil dich erhœren
der dinge die du hâst begert,
2050 wan du wirst alles des gewert
des in dîn munt gebeten hât.
dîn trôn vil wol gezieret stât;
der engel schar dîn beitet.
ein krône ist dir bereitet,
2055 diu dich ân ende zieren muoz.
du solt den kumberhaften buoz
swær unde sorge machen.
die siechen und die swachen
dîn arzenîe wol ernert.
2060 swer ûf dem wâge in nœten vert,
dem hilfestu ze lande wol.
dîn trôst ûz banden lœsen sol

---

2031 alle *streicht H.*    2035 *ändert H:* genædeclîchiu
milte.    2037 Güete und erbarmherzekeit = gûte erbarme-
herzekeit (güet unde erbarmeh. *H*).    2041 gebete = gebet
(*L*).    2043 himel = himele (*H*), *ebenso* 2091.    2046 Dîn
sêle diu = diu sêle dîn (*L*).    2047 den himelkœren *Sch*
= der himele k. (*H*).    2048 der = *fehlt* (*H*).

den armen der gevangen ist.
vertrîben mac dîn hôher list
2065 vil manger hande sühte pîn.
du solt ein durehtære sîn
der tiuvel zallen stunden:
swer mit in ist gebunden,
den lœset dîn erbarmekeit.
2070 dîn trôst ist allen den bereit,
ez sîn vrouwen oder man,
die dich in nœten ruofent an.'
    Diu gotes stimme reine,
dô si die rede gemeine
2075 vil gar nâch sînes herzen kür
bescheidenlîche brâhte vür,
dô sprach Pantaleôn ze jenen
der hant in schaden solte wenen:
'ir herren die vor mir hie stânt,
2080 swaz iu geboten sî, daz lânt
ervüllet an mir werden.'
sus viel er zuo der erden
diemüeteclîche in kriuzestal.
und als er dô getet den val,
2085 dô gienc ir einer dâ zehant
die mit im wâren ûz gesant,
und sluoc im ab daz houbet,
als ez im wart erloubet
dô von dem marterære.
2090 der reine tugentbære
ze himel sante sînen geist.
durch hôher wunne volleist
kam er vür gotes ougen.
dâ wart er sunder lougen
2095 enpfangen von der engel schar.
sîn verch alsam ein snê gevar

---

2067 zallen stunden = ze alle stunde.     2071 sîn = si.
2074 die = *fehlt*.     2080 iu = uch.     2084 als = also
(alse *H*), *ebenso* 2088.     2090 tugentbære = tugendeb. (*H*).

und als ein blankiu lilje wart.
dô vlôz nâch heileclicher art
von sîme kiuschen lîbe guot
2100 gar wîziu milch vür rôtez bluot.
    Sich huop dô vremdez wunder.
der boum dâ man im under
het ab sîn houbet dô geslagen,
begunde bringen unde tragen
2105 des selben mâles niuwe vruht.
an im wuohs obez mit genuht
bî der wîle und bî der stunt
dô sîn vil reiner lîp verwunt
mit einem scharpfen swerte wart.
2110 diz grôze unbilde niht verspart
vor den burgæren mohte sîn:
ez wart in offenlîche schîn,
wande ir kam vil manic schar
gedrungen und geloufen dar,
2115 daz si daz wunder sæhen
und heilekeite jæhen
dem edelen marteræere.
der keiser von dem mære
wart vil trûric unde unvrô.
2120 den selben boum den hiez er dô
zerschîten und zerschrôten
und bat dâ mit des tôten
junkherren lîp verbrennen.
die knehte got erkennen
2125 begunden schiere und alzehant
die mit im wâren ûz gesant
durch daz si mêrten sînen schaden.
si liezen netzen unde baden
sich in des toufes brunnen.
2130 ir sêle wart gewunnen
got âne missewende.
seht, alsô nam ein ende

---

2098 Dô = daz.    2121 Zerschîten = zerschitten.

Pantaleôn der reine,
den al diu werlt gemeine
2135 solt êren unde prîsen.
er kan die liute wîsen
von kumberlichen sachen
und mac die nôt geswachen
des wîbes und des mannes.
2140 von Arguel Johannes,
der Winharten tohter kint,
geschuof daz sîniu wunder sint
alsus getihtet schône.
mit sîner miete lône
2145 brâht er si von latîne
ze tiuscher worte schîne,
dar umbe daz die liute
vernæmen dran ze diute
daz er kan trûren stœren.
2150 die diz getihte hœren,
und swer die marter sîn verneme,
die wünschen heiles alle deme
der diz werc gefrumet hât.
und wizzent daz helf unde rât
2155 der reine marteræere tuot
in allen die getriuwen muot
ze herzen tragent wider in:
er stœret leides ungewin.

---

2144 sîner = sine.  2146 tiuscher = tüschen.  2153 ge-
vrumet = geschriben vn̄ gefrûmet.

www.ingramcontent.com/pod-product-compliance
Lightning Source LLC
Chambersburg PA
CBHW061526020726
47502CB00006B/2254